Edgar Wüpper

Naturgeschichten

Zeichnungen von Christine Georg

Loewe

Die Deutsche Bibliothek – CIP-Einheitsaufnahme

Wüpper, Edgar:
Leselöwen-Naturgeschichten / Edgar Wüpper.
Zeichn. von Christine Georg.
– 1. Aufl. – Bindlach : Loewe, 1997
(Leselöwen)
ISBN 3-7855-2919-8 Pp.

Dieses Buch ist auf chlorfrei gebleichtem Papier gedruckt.

ISBN 3-7855-2919-8 – 1. Auflage 1997
©1997 Loewe Verlag GmbH, Bindlach
In anderer Ausstattung 1987 erstmals im Loewe Verlag erschienen
Umschlagillustration: Christine Georg
Satz: Fotosatz Leingärtner, Nabburg
Gesamtherstellung: L.E.G.O. S.P.A., Vicenza
Printed in Italy

Inhalt

Der Gemeinschaftsgarten

Lange Zeit war dicke Luft im Wohnblock Nr. 124-126 der Korneliusstraße. Im Hinterhaus waren Schillers und Müllers total zerstritten und auch zwischen den Bewohnern von Vorder- und Hinterhaus gab es immer wieder Ärger.

Aber jetzt waren Müllers aus- und dafür Krügers eingezogen. Und die hatten vom alten Schaper, dem Hausmeister, gehört, dass die Bewohner früher im Innenhof jedes Jahr ein Fest gefeiert haben.

„Warum machen wir das nicht wieder?", hatte Herr Krüger gefragt.

Gesagt, getan.

In der nächsten Woche war er von Wohnung zu Wohnung gegangen und hatte alle überredet, bei dem Fest mitzumachen. Und nach ein paar Wochen Vorbereitung ist es endlich soweit: Das Korneliusfest kann starten!

Am Samstagmorgen drohen ein paar

Wolken über der Stadt mit Regen, aber es bleibt trocken. Der ganze Hinterhof ist festlich geschmückt. Auf der einen Seite sind Bänke und Tische aufgestellt, der Würstchengrill und das Bierfass. Die restliche Fläche gehört den Kindern, da toben sie, führen ein kleines Theaterstück auf und da steht auch die Naschbude, wo es Karamellbonbons und Popcorn gibt. Die Süßigkeiten sind natürlich auch selbst gemacht, einen ganzen Nachmittag hat Frau Krüger mit Lucia und Canan, Renate und Olli die leckeren Sachen hergestellt und dann verpackt.

Alle haben gute Laune.

„So müsste es immer sein!", sagt Herr Krüger zu Herrn Schaper.

Der lacht. „Früher hatte ich dort drüben, wo jetzt immer die Mülltonnen stehen, sogar einen kleinen Garten!"

„Ja, das ist doch die Idee!" Herr Krüger ist begeistert.

„Lust hätte ich schon", schmunzelt der alte Schaper. „Der Garten war immer mein schönstes Hobby!"

Herr Krüger ist jetzt nicht mehr zu stoppen. Er steht auf und ruft in den Lärm hinein: „Kommt mal her, wir müssen was besprechen!"

Bald hocken ein paar Erwachsene und
viele Kinder zusammen.

„Mit dem Garten, das ist bestimmt kein
Problem", meint Herr Schaper, „da rufe ich
einfach die Wohnungsbaugesellschaft an,
die sind schon damit einverstanden!"

„Und was wird da angebaut?", fragt
Lucia.

„Na, so tolle Sachen wie bei euch zu
Hause in Italien wachsen hier nicht",
lacht Herr Schaper.

„Wir könnten doch Petersilie, Schnitt-
lauch und Salat anpflanzen", schlägt
Frau Krüger vor, „da können sich alle das
holen, was sie gerade brauchen!"

„Ein richtiger Gemeinschaftsgarten!"
Canan klatscht in die Hände.

„Wer Interesse hat, dem kann ich auch
Tomatenpflänzchen vorziehen", bietet
Herr Schaper an. „Im Frühjahr wachsen
die gut im Heizungskeller und wenn sie
groß genug sind, könnt ihr sie in Blumen-
töpfe pflanzen und auf dem Balkon in die
Sonne stellen. Das geht gut!"

„Na prima!", meint Herr Krüger. „Dann
fragen Sie den Vermieter und wenn alles
klappt, dann bereiten wir im Herbst den

kleinen Garten vor und im Frühjahr geht's dann richtig los!"

„Und wo sollen wir mal spielen?", fragt Mario, der die ganze Zeit still zugehört hat.

„Ja, eine Bolzecke brauchen wir!", bestätigt Olli.

„Und einen Sandkasten für die Kleinen!", sagt Frau Wimrock.

Opa Kramer meldet sich auch zu Wort: „Dann könnte man auch eine schöne Bank hinstellen, wo wir Alten mal ein Schwätzchen machen!"

„Das wird ja ein ganz neuer Innenhof!", lacht Herr Krüger. „Ich hole mal einen großen Bogen Papier und dann machen wir alle zusammen einen richtigen Plan!"

Geheimaktion „Klo"

Sven schleppt seine Schultasche die Treppe hoch. Auf der ersten Etage, bei Schneiders, muss er erst mal anhalten.

„Puh", keucht er, „ist das schwer!" Noch dreißig Stufen, das weiß er, sind es bis zur Wohnung. Also weiter!

Am nächsten Treppenabsatz kommt ihm Frau Helm entgegen. Sie schüttelt ärgerlich den Kopf: „Was die armen Kinder heutzutage alles an Schulbüchern zu schleppen haben! Unverantwortlich!"

Sven muss sich ein Lachen verkneifen.

„Wenn die wüsste!", murmelt er vor sich hin. Dann ist er oben und klingelt.

Karin, seine Schwester, macht ihm die Tür auf. „Na, auch schon da?", meckert sie ihn an.

„Wo ist Mutti?", fragt Sven.

„Noch beim Friseur. Hat sie uns doch heute Morgen groß und breit erklärt!"

Sven setzt seine Schultasche ab, es gibt einen dumpfen Knall.

Karin dreht sich um. „Was ist denn da drin?"

„Das ist ein Geheimnis!"

„Dann eben nicht!" Karin ist eingeschnappt.

„Kannst du schweigen?", meint Sven. „Aber Ehrenwort!"

„Jaja, so toll wird das schon nicht sein!"

Sven holt aus der Tasche einen Backstein. Karin guckt ganz entgeistert.

„Der kommt in den Wasserbehälter vom Klo!", sagt Sven stolz.

„Spinnst du?"

„Das ist Umweltschutz", erklärt Sven.
„Die Ellen hat das bei sich zu Hause auch
so gemacht: Der Behälter läuft voll, aber
der Stein nimmt dem Wasser Platz weg
und so wird weniger Wasser bei jedem
Spülen verbraucht …"

„Ganz witzig!", findet Karin.

„Ich mache das jetzt!" Sven schnappt
sich den Stein und verschwindet im Bad.
An der Tür ruft er: „Wenn Mutti jetzt schon
kommt, darf sie nicht ins Bad!"

„Ja, ja!", lacht Karin.

Sven hat schon den Deckel des Behälters
abgenommen. Vorsichtig versenkt er den

Stein. „So, jetzt den Deckel wieder drauf", redet er vor sich hin und drückt die Spültaste. „Klappt!", freut er sich. Kaum ist er aus dem Bad, klingelt es an der Wohnungstür und er hört Mutters Stimme. Nach dem Mittagessen lungert er immer wieder auf dem Flur herum.

Schließlich wird es seiner Mutter zu dumm: „Was schleichst du eigentlich immer hier herum? Ist was?"

„Nee!", sagt er schnell und verschwindet in seinem Zimmer, lässt aber die Tür offen.

Schließlich hört er, wie seine Mutter ins Bad geht. Nach dem Rauschen der Spülung läuft er auf den Flur. „Na, Mutti, hast du was gemerkt?", fragt er aufgeregt.

„Was denn gemerkt?", sagt sie und geht zur Küche. Plötzlich dreht sie sich um: „Du hast doch nicht wieder was angestellt?"

„Quatsch", ruft er, „nichts Schlimmes!"

Er läuft zurück in sein Zimmer, Schularbeiten machen.

Nach dem Abendbrot fragt Sven seinen
Vater: „Papi, musst du nicht mal aufs Klo?"

Der guckt erstaunt. „Aufs Klo? Nee, tut
mir Leid!", lacht er.

Mutter wird hellhörig. „Mich hat er auch
schon so komisch gefragt, ob ich im Bad
etwas bemerkt hätte."

Vater guckt jetzt streng: „Du hast doch
nicht etwa irgendwo rumgebastelt, dass
wir noch den Klempner …"

„Nee, ich hab was ganz Tolles gemacht!"

Jetzt laufen alle zum Bad und reißen die Tür auf. Mutter ist schon erleichtert, als sie sieht, dass nicht alles unter Wasser steht.

Vater schaut aufmerksam um sich.

„Nun spült mal!" Sven zeigt auf den Klokasten.

Vater drückt schnell auf den Knopf. „Gott sei Dank, geht ja noch!", sagt er, als das Wasser in die Toilette rauscht.

„Ihr merkt ja auch gar nichts!" Sven ist richtig enttäuscht.

„Nun sag es schon!", drängt Karin.

„Ich habe etwas gemacht, damit im Klo weniger Wasser vergeudet wird!", erklärt Sven geheimnisvoll.

Vater runzelt die Stirn, Mutter guckt misstrauisch.

„Ich habe einfach … einen Backstein in den Kasten gelegt!"

Nun ist es raus.

Einen Augenblick ist Stille. Sven ist enttäuscht.

Dann lacht Mutter laut auf: „Du machst vielleicht Sachen!" Sie nimmt ihn in den Arm.

Vater ist auch erleichtert. „Gar keine schlechte Idee", brummelt er, „aber dann baue ich lieber eine richtige Spartaste ein." Als er Svens Gesicht sieht, verbessert er sich sofort: „Ich meine natürlich, wir beide sollten das machen!"

Die Beruhigungspille

Die Rudolfstraße ist eine kleine Straße und liegt mitten in der Stadt. Rechts und links stehen große Mietshäuser mit Garagen und vielen Parkplätzen davor. Durch die Rudolfstraße fahren eigentlich nur Leute mit dem Auto, die hier wohnen. Aber die meisten rasen ganz schön.

Der nächste Spielplatz ist vier Straßen weiter und deshalb sollte die Rudolf-straße mal Spielstraße werden, mit Tempo 30 für Autos. Darauf warten alle schon seit Jahren. Und nichts geschieht.

Die Kinder ärgern sich jedes Mal, wenn sie Federball, Abwerfen oder Fußball spielen und die Autos sie von der Straße scheuchen.

Seit ein paar Tagen sind Sommerferien und da haben sich die Kinder aus dem Wohnhaus Nr. 17 etwas Besonderes ausgedacht.

Es ist Dienstagnachmittag gegen vier

Uhr, Treffpunkt: Schmidts Garage. „Habt
ihr alles dabei?", fragt Moni. Tanja und
Susi nicken. „Ja, dann lasst uns gleich die
Schilder aufstellen!"

„Wo sind denn Jörg und Peter?", fragt
Moni.

„Die tapferen Jungen sind plötzlich
feige!" Tanja grinst.

„Macht nichts!", meint Susi. „Das packen
wir auch allein!"

Sie schleppen drei große Pappschilder
an den Straßenrand und befestigen sie
in größeren Abständen an den Laternen-
pfählen. Auf dem Ersten steht:

„Achtung! Verkehrsberuhigung!
Stopp nach 20 Metern!"
Dann:
„Hier anhalten!"
und auf dem Letzten:
„Ab jetzt nur noch Tempo 30
in der Rudolfstraße!"

„Geschafft!", sagt Tanja. „Jetzt schnell
zum Haltschild!"

Dort angekommen, fragt Susi
aufgeregt: „Wo sind denn die Pillen?"

„Jetzt hätten wir beinahe das Wichtigste
vergessen!" Moni saust zu ihrer Tasche,
die vor Schmidts Garage liegt, und holt
das Weckglas mit den kleinen weißen
Pillen.

„So, alles klar, jetzt muss nur noch wer
angerast kommen!", meint Moni.

Kaum hat sie das letzte Wort ausgesprochen, braust schon der Opel von Frau Stolzenberg um die Ecke. Die Reifen quietschen, als sie am Haltschild stoppt. „Guten Tag, Frau Stolzenberg!", sagt Susi. „Also, wir haben hier eine Beruhigungspille für Sie! Wenn Sie die geschluckt haben, können Sie nur noch 30 mit Ihrem Auto fahren!"

Tanja drückt der verblüfften Frau schnell eine Pille in die Hand.

„Ja, schönen Dank!", sagt die hastig und kurbelt die Scheibe hoch. Vor Schreck fährt sie ganz langsam weiter.

„Das läuft ja prima!", lacht Moni.

Da biegt der Ford von Herrn Knoth in die Rudolfstraße ein. Ärgerlich über die Störung hält er an. Ehe die Kinder ein Wort sagen können, brüllt er aus dem Autofenster: „Was soll denn das bedeuten, he?"

„Beruhigen Sie sich!", sagt Moni.

„Nehmen Sie eine Pille, das hilft. Sie fahren garantiert nur noch …"

Herrn Knoth reicht es. „Ihr kriegt gleich ein paar hinter die Ohren. So ein Blödsinn! Macht die Straße frei, sonst …" Die letzten Worte hört keiner mehr, denn der Wagen jagt mit aufheulendem Motor davon.

Bedröppelt gucken sich die Mädchen an.

„Wenn der die Polizei anruft!" Tanja will am liebsten aufhören.

„Quatsch! Jetzt machen wir erst recht weiter!", meint Susi.

In der nächsten Stunde halten noch viele Autos an. Manche Leute finden die Idee toll. Sie nehmen lachend die Pille und schlucken sie. Andere sind stocksauer und schimpfen. Auch Fußgänger bleiben stehen und sagen ihre Meinung.

Einige alte Menschen geben den Kindern Recht. Viele sagen aber auch: „Das geht euch gar nichts an!", oder: „Lernt lieber für die Schule!"

Die Kinder wollen gerade ihre Schilder abbauen, als Frau Solz mit ihrem kleinen Flitzer angesaust kommt. „Na, was gibt's denn? Ich hab's schrecklich eilig!"

Moni erzählt ihr von der Beruhigungspille.

Frau Solz muss lachen: „Stimmt, ich fahr hier auch viel zu schnell. Gebt mir gleich zwei Pillen. Eine bekommt mein Mann morgen zum Frühstück. Dann fährt

er auch schön gemütlich zur Arbeit!" Sie
zwinkert den Mädchen vergnügt zu und
schluckt eine Pille. „Sagt mal, was ist das
überhaupt für ein Zeug?", fragt sie etwas
misstrauisch.

„Einfach Pfefferminz!", kichert Susi und
Tanja stößt sie schnell in die Rippen.
„Aber nicht verraten!"

Als Frau Solz weiterfährt, lehnt sie sich
noch mal aus dem Fenster. „Tatsächlich,
die Pille funktioniert! Mehr als 30 fährt
die Kiste nicht!" Alle lachen.

„Machen wir Schluss?", fragt Moni. „Ich
muss zum Abendessen!"

Zwei Schilder bauen sie ab, das dritte mit der Aufschrift „Ab jetzt nur noch Tempo 30 in der Rudolfstraße!" lassen sie aber stehen.

„Damit die Leute daran erinnert werden!", meint Tanja.

„Ja, wenn die Wirkung der Pille nachlässt!", lacht Susi.

Leckerli

In den Osterferien ist Kerstin meistens bei Oma zu Besuch. Omas Lieblingsbeschäftigung ist Frühstücken.

„Wie das Frühstück, so der Tag", sagt sie immer. Danach müsste bei Oma jeder Tag ganz herrlich sein, denn das Frühstück ist klasse! Wenn Kerstin morgens gähnend in die Küche kommt, fängt ihre Nase schon an zu schnuppern. Omas starker Bohnenkaffee, der Duft von Kakao und frischen Brötchen machen gleich Appetit.

Auf dem Tisch stehen eine Vase mit Frühlingsblumen, Gläser mit Marmelade, Gelee, Sirup und Honig. Und unter den bunten Eierwärmern aus Stoff schlummern zwei dicke braune Frühstückseier.

Auch heute schmeckt es Kerstin. Sie angelt nach dem Glas mit ihrem Lieblings-sirup.

„Oh, fast leer!", sagt sie etwas enttäuscht.

„Das war das letzte Glas Leckerli", stellt Oma fest.

„Warum heißt denn der Sirup ‚Leckerli'?", fragt Kerstin.

„Weil er so lecker schmeckt!"

Beide lachen. Als Oma und Kerstin den Tisch abräumen, meint Oma: „Wenn du Lust hast, können wir heute ein paar neue Gläser Leckerli machen."

Kerstin freut sich. „O ja. Aber wie geht das?"

„Du wirst schon sehen. Ich verrate noch nichts."

Nach dem Abwasch holt Oma zwei kleine Henkelkörbe und sagt: „Wir müssen ein Stück gehen."

Es ist ein schöner Tag, die Sonne streichelt die Haut und die Erde riecht schon nach Wärme.

Hinter dem Dorf fließt der Bach vorbei. Oma zeigt auf einige breite grüne Blätter am Ufer.

„Da wächst der Beinwell. Ich werde morgen ein paar Wurzelstöcke ausgraben. Sie geben eine gute Salbe für Wunden und wenn mein Knie wehtut."

Plötzlich bleibt sie stehen. „Weißt du was?", sagt sie. „Wir pflücken gleich noch ein paar Wildkräuter und machen heute Mittag einen Salat daraus."

Unterwegs erklärt sie Kerstin, welche Blätter sie sammelt.

„Das ist Huflattich. Er heißt so, weil seine Blätter aussehen wie Pferdehufe."

Oder: „Das ist Bärlauch. Riech mal!" Sie
zerreibt ein Blatt zwischen den Fingern.
„Er riecht wie Knoblauch."
  Kerstin rümpft die Nase und Oma lacht.
Bald haben sie den einen Korb voll mit
Sauerampfer, Huflattich, Bärlauch,
Gundermann, Schafgarbe und vielen
anderen Kräutern.

Von einem Holunderstrauch will Kerstin sich ein Stück Holz abschneiden. „Davon mache ich mir ein Blasrohr!"

Oma gibt ihr das Taschenmesser. Aber schon beim Aufklappen schnappt die Klinge zurück und ritzt Kerstins Finger.

„Ich hab mich geschnitten, ich blute!", ruft Kerstin. „Und wir haben kein Pflaster dabei!"

„Zeig mal her", sagt Oma. „Das ist halb so schlimm. Da hab ich gleich ein grünes Pflaster … Warte!"

Während Kerstin das Blut von ihrem Finger saugt, guckt sich Oma suchend am Wegrand um.

„Komm her!", ruft sie. „Siehst du die langen schmalen Blätter da? Das ist Spitzwegerich. Nimm ein Blatt, steck es in den Mund und kau darauf herum, bis es ein Brei ist."

Kerstin schaut Oma zweifelnd an.

„Na los, mach schon", drängt Oma.

„Und nun?", fragt Kerstin.

„Jetzt streichst du den Brei über die Wunde und schon ist das Pflaster fertig. Morgen ist alles verheilt. Der Brei hilft auch gegen Mückenstiche."

„Toll", murmelt Kerstin, „das muss ich mir merken."

Vor dem Wald ist eine kleine Bergwiese, über und über mit dottergelben Blüten gesprenkelt.

„So", sagt Oma, „jetzt sammeln wir die gelben Köpfe, bis der zweite Korb voll ist."

Kerstin guckt genauer hin. „Das ist ja Löwenzahn!", ruft sie überrascht. „Und daraus wird Leckerli?"

„Ja, da staunst du, was?"

Bald ist der Korb voll. Vom vielen Bücken muss sich Oma etwas ausruhen. Sie setzt sich auf einen Holzstamm.

„Der Löwenzahn ist eine tolle Pflanze", sagt sie. „Aus der Wurzel kannst du einen

Kaffee herstellen. Obwohl ...", sie kichert leise, „mein Bohnenkaffee schmeckt mir ehrlich gesagt doch besser! Die jungen Löwenzahnblätter ergeben einen guten Salat und aus den Blüten machen wir unser Leckerli!"

Als sie wieder zu Hause angekommen sind, nimmt Oma einen Topf und setzt ihn auf den Herd.

„So, jetzt pass gut auf!"

Erst nimmt sie vier große Hand voll Blüten, schüttet Wasser darauf und lässt sie fünf Minuten kochen.

„Gib mal das Sieb", sagt sie, nimmt einen anderen Topf und gießt alles durch das Sieb hinein.

„Jetzt bleibt nur noch Flüssigkeit übrig. In die kommen noch anderthalb Kilo Zucker und der Saft von zwei Zitronen. Das Ganze lassen wir jetzt auf kleiner Flamme einkochen, bis der Sirup übrig bleibt."

„Bei uns in der Nähe gibt es auch ganz viel Löwenzahn", sagt Kerstin.

„Siehst du", lacht Oma, „dann machst du dir demnächst dein Leckerli selbst!"

Der Gartenteich

„Gib mir mal die Tüte mit den Bohnen!",
sagt Mutter zu Moni.

Die kramt in der Kiste und meint: „Ich
denke, Bohnen darf man erst im Mai
pflanzen?"

„Ja, Busch- und Stangenbohnen. Aber
dicke Bohnen muss ich so früh wie
möglich in die Erde bringen, bevor die
schwarzen Blattläuse kommen und alles
kaputtfressen!"

Moni scharrt mit der Schuhspitze auf
dem Gartenweg. „Papa hält auch nicht,
was er mir versprochen hat!", schimpft sie.

„Du meinst den Gartenteich?" Mutter
legt Bohnen in die Löcher und streicht
mit der Hand wieder Erde darüber.

„Na klar!", sagt Moni wütend. „In den
Osterferien wollten wir das machen. Und
die sind morgen vorbei!"

„Er muß ja auch arbeiten!", meint Mutter.
Aber jetzt wird Moni erst richtig sauer:

„Seit über einem Jahr wollen wir einen Teich bauen. Und letzte Woche hatte er Frühschicht, da hatte er jeden Nachmittag Zeit!" Moni ist den Tränen nahe. „Dann darf er's nicht versprechen!", ruft sie, dreht sich um und will weglaufen.

„Bleib doch mal hier!" Mutter überlegt einen Augenblick. „Liegt das ganze

Material für den Teich nicht schon in der Garage?"

Moni nickt.

„Und gibt es auch eine Anleitung, wie das gemacht wird?", fragt Mutter.

„Ja, klar!" Moni nickt. „Die liegt im Fach unter dem Fernseher, wo die Zeitungen sind!"

„Dann ist ja alles in Ordnung!" Mutter nimmt Moni in den Arm. „Ich sehe da keine Probleme!"

Moni versteht nicht.

„Wir schauen uns das alles nachher mal in Ruhe an und ab morgen geht's dann los!"

„Was, wir beide ganz allein ...?"

Moni guckt ihre Mutter ganz entgeistert an.

Die lacht. „Du meinst wohl, wir Frauen schaffen das nicht allein?"

„O Mutti!", ruft Moni und gibt ihr einen dicken Kuss.

Am Abend sitzen beide am Wohnzimmertisch und sehen sich die Bauanleitung für den Gartenteich an.

„Was macht ihr denn mit meinen Unterlagen?", fragt Vater, als er hereinkommt.

„Moni und ich bauen morgen endlich den Gartenteich!", sagt Mutter fröhlich. „Da müssen wir erst mal durchblicken!"

Vater guckt fassungslos. Dann grinst er. „Was? Ihr? Dass ich nicht lache!" Ehe die Mutter irgendetwas sagen kann, dreht er sich um. „Ich hätte das schon noch angepackt!", sagt er beleidigt und geht aus dem Zimmer.

„Jetzt ist er aber ganz schön eingeschnappt!", meint Moni erstaunt.

Mutter grinst. „Im Grunde ist er froh, dass wir den Teich bauen. Gartenarbeit ist nicht gerade seine Stärke. Sonst wäre der Tümpel längst fertig!"

Am nächsten Nachmittag legen die beiden los. Sie messen die Größe des Teiches aus und stecken Holzstücke in die Erde. Dann geht's mit Spaten und Schaufel ans Ausbuddeln. In der Mitte graben sie ein tiefes Loch.

„Warum muss das eigentlich so tief sein?", fragt Moni und wischt sich den Schweiß von der Stirn.

„Habe ich dir doch gesagt!" Mutter wirft eine Schaufel Erde an den Rand. „Der Teich muss an einer Stelle mindestens einen Meter tief sein, damit er im Winter nicht ganz zufriert. Wir wollen doch auch Tiere im Teich haben, die können sonst nicht überleben!"

Gegen Abend sind sie fertig. „Mir reicht es!" Moni betrachtet die zwei Blasen an ihren Händen.

Die Mutter macht ihr Mut: „Das Schlimmste ist ja geschafft! Morgen abend ist unser Gartenteich voll Wasser!"

Sie hat nicht zu viel versprochen. Als Moni am nächsten Tag aus der Schule kommt, hat Mutter schon das Material für den Teich aus der Garage in den Garten geholt. Als Erstes legen sie die Folie auf den Grund. „Das ist ja Plastik!", meint Moni.

Mutter zuckt mit den Schultern. „Ja, richtig umweltfreundlich ist das nicht. Aber irgendwie muss der Teich ja abgedichtet werden!"

Eine halbe Stunde später ist die Folie ausgelegt. Gegen drei Uhr nachmittags fließt aus einem Schlauch das erste Wasser in den neuen Teich.

„Papa, Papa, komm ganz schnell!", ruft Moni zum Haus hinüber.

Während der Teich sich langsam mit Wasser füllt, schaut Vater aufmerksam zu. „Gar nicht schlecht gemacht!", sagt er schließlich.

Mutter lacht und zwinkert Moni vergnügt zu: „Im Gegenteil, ganz schön gut!"

Die Autopanne

Vater schimpft: „Schon wieder ein Stau. Wenn das so weitergeht, ist der Urlaub rum, ehe wir da sind!"

„Nun reg dich nicht so auf, das hat sowieso keinen Zweck!", sagt Mutter.

Die ganze Autoschlange steht still. Vater trommelt nervös mit den Fingern aufs Lenkrad.

„Puh", Thomas und Sina halten sich die Nasen zu. „Mensch, das stinkt vielleicht von draußen!"

Vater kurbelt das Schiebedach zu. „Unser Auto ist das nicht. Das ist umweltfreundlich!", meint er.

„Kein Auto ist umweltfreundlich!" Mutter schüttelt den Kopf. „Manche machen nur etwas weniger Dreck!"

„Dann schaffen wir am besten das Auto ab und bleiben zu Hause. Da sparen wir viel Geld!" Vater ist sauer.

Endlich geht's weiter. Ein paar Stunden

später sind sie über die Grenze. „Jetzt kassieren sie erst mal Autobahn-gebühren, Frechheit!", meckert Vater. Er tritt aufs Gas.

„Ras doch nicht so!", sagt Mutter. „Hier darf man doch nur 120 fahren!"

„Ja, ja!" Vater lacht und fährt auf die Überholspur.

Sina und Thomas sind auf dem Rücksitz eingeschlafen. Als Vater auf die Hupe drückt, schrecken sie auf. Vor ihnen ist ein kleiner Fiat ausgeschert. Vater blinkt mit der Lichthupe. „Idiot!", brüllt Vater. „Nicht zu fassen!" Er bekommt vor Wut einen roten Kopf.

Der Fiat überholt einen Lastwagen und fährt wieder auf die rechte Spur zurück.

„Höchste Zeit!" Vater gibt Vollgas.

Im Vorbeifahren sehen die Kinder einen Mann und eine Frau, die nur lachen und den Kopf schütteln.

Vater guckt auf die Uhr und strahlt. „So, jetzt geht's vorwärts, nachmittags liegen wir schon am Strand!"

„Papa, ich muss mal!", murmelt Sina.

Vater verzieht das Gesicht. „Kannst du noch eine Viertelstunde warten? Dann müssen wir sowieso tanken." Vater guckt in den Spiegel nach hinten.

„Meinetwegen!"

„Prima!", sagt Vater.

Plötzlich ruckt der Wagen.

„Was ist denn jetzt los?" Vater guckt entsetzt Mutter an.

Das Rucken wird immer stärker, alle vier werden ordentlich durchgeschüttelt. Dann geht der Wagen aus und Vater kann ihn gerade noch auf die Standspur lenken.

„Eine Panne! Na, das fehlt uns gerade noch!" Er steigt aus und öffnet die Motorhaube. Hilflos guckt er auf den Motor. „Der Wagen war doch erst in der Werkstatt!"

„Vielleicht kein Benzin?", fragt Mutter.

Vater explodiert: „Denkst du etwa, ich bin blöd?"

Da hält hinter ihnen ein kleiner roter Fiat. Als der Mann aussteigt, erkennen ihn die Kinder sofort wieder. „Ach du Schreck", denkt Thomas, „der wird Vater jetzt erst mal ordentlich die Meinung sagen!"

„Hallo!", sagt der Mann auf Deutsch.
„Panne?"

Vater nickt.

„Darf ich sehen?", fragt der Mann. „Ich
drei Jahre arbeiten in Deutschland!"

„Hm", meint Vater, „dann kennen Sie
sich wohl mit Autos aus?"

„Ja, ja, gut!", lacht der Mann und beugt
sich über den Motor.

Nach kurzer Zeit dreht er sich um und
sagt: „Kleiner Defekt!" Er zeigt Vater,
dass er den Wagen mal anlassen soll.

Vater flitzt zum Auto und dreht den
Zündschlüssel. Der Wagen springt an.

„Toll!" Vater strahlt übers ganze Gesicht, steigt aus und schüttelt dem Mann die Hand.

Dann kramt er in der Tasche. „Gerda", ruft er Mutter zu, „hast du mal einen Zehnmarkschein?"

„Nix da", wehrt der Mann ab. „Guten Urlaub! Und nix rasen, nicht gut für Umwelt und Gesundheit!" Er lacht vergnügt, geht zu seinem Auto und fährt los.

Freundlich winkt Vater hinterher. „So, los!", drängt er. „Wir haben einiges aufzuholen!" Zufrieden lächelt Vater vor sich hin. „Feiner Kerl, sollte man gar nicht glauben!"

„Das ist doch der Idiot!", meint Thomas von hinten.

„Was sagst du da, spinnst du?" Vater ist empört.

„Vorhin war er noch ein Idiot!", bestätigt Sina. „Das war doch der Kerl mit der Klapperkiste, der dich nicht vorbei-gelassen hat!"

„Ach du lieber Himmel!", rutscht es Vater raus.

Jetzt müssen die anderen drei lachen. Und Vater vergisst vor Schreck Gas zu geben …

Edgar Wüpper studierte Ethnologie, Soziologie und Publizistik in Göttingen. Er schreibt Bücher für Kinder und Erwachsene. Heute lebt der Autor auf einem kleinen Bauernhof mit Pferden und vielen anderen Tieren.

Christine Georg wurde 1958 in Iserlohn geboren. Schon sehr früh entdeckte sie ihre Vorliebe fürs Zeichnen und Malen. Später erfüllte sie sich den großen Wunsch Design zu studieren und seit 1987 arbeitet sie als freiberufliche Illustratorin für Schul- und Kinderbuchverlage. Wenn Christine Georg malt, ist immer ihre schwarze Katze Minnie dabei.

Leselöwen